LE

PÈRE LACORDAIRE

PARIS. — IMPRIMERIE GAUTHIER-VILLARS ET FILS.
55, quai des Grands-Augustins, 55.

LE

PÈRE LACORDAIRE

PAR

LE DUC DE BROGLIE

PARIS,
H. CHAMPION, LIBRAIRE
9, QUAI VOLTAIRE, 9

1889

A MONSIEUR CHAMPION,

Libraire.

Monsieur,

Le 25 juillet dernier, l'école de Sorèze, représentée par un Comité formé de ses anciens et de ses nouveaux maitres, de ses anciens et de ses nouveaux élèves, inaugurait la statue élevée à l'illustre Père Lacordaire, qui a consacré ses derniers jours à la direction de ce bel établissement.

J'ai été appelé à parler le premier dans cette touchante solennité. Mon seul titre à cet honneur était d'avoir été choisi autrefois par l'Académie française pour succéder au grand orateur.

Vous m'avez demandé de réunir dans une publication commune les paroles que j'ai prononcées au pied de la statue du Père et l'hommage que j'avais dû rendre à sa mémoire en prenant sa place à l'Institut.

Je suis entré avec plaisir dans votre pensée; heureux que j'étais de trouver une occasion pour faire voir qu'un quart de siècle écoulé n'a rien enlevé à l'éclat de la renommée de Lacordaire, et que la postérité qui commence pour lui s'unit aux témoignages d'admiration et de reconnaissance exprimés au lendemain de sa mort par un de ses contemporains.

Je n'étais pas non plus insensible, j'en conviens, à la satisfaction de constater que, malgré tant d'épreuves traversées depuis 1863, je ne trouvais rien d'altéré dans mes sentiments et que je continuais à considérer le maintien des libertés publiques comme la seule garantie solide que puisse invoquer la liberté religieuse dans une société privée, comme la nôtre, du bienfait de l'unité de croyances.

Mais si rien n'est changé dans les convictions de ceux qui se sont inspirés des exemples et des leçons du Père Lacordaire, autour d'eux quel changement! quel auditoire que celui qui m'écoutait le jour où j'entrais à l'Académie! C'était une élite prise dans tous les rangs de la France intellectuelle et libérale : les Guizot, les Thiers, les Cousin, les Villemain, les Dufaure, les Odilon Barrot, les Rémusat, les Dupanloup, les Montalembert, les Lamartine : et quand devant une telle assemblée je félicitai l'Académie d'avoir, en ouvrant ses rangs à ce moine, fait taire de vieilles méfiances et de sots préjugés — quand j'appelais de mes vœux une liberté d'association égale pour tous les Français, dont aucun ne fût exclu, et dont tous pussent profiter à l'envi — pas une voix, pas un murmure ne s'élevait pour interrompre le concert d'une approbation unanime. Pouvons-nous croire que si peu d'années nous séparent d'un tel souvenir, nous qui venons de voir, au nom de l'égalité, toute une classe de citoyens proscrits, au nom de la liberté, leurs demeures violées; au nom de la fraternité, enfin, une intolérance tracassière ressuscitant toutes les haines au sein des moindres communes. En présence d'un tel spectacle, il est bon peut-être d'exhumer un écrit justement oublié pour faire mesurer à la génération nouvelle le chemin qu'on lui a fait parcourir ou, plutôt, la pente qu'on lui a fait descendre. C'est ainsi que quand des digues soudainement abaissées ont couvert un sol, autrefois fertile, d'une fange marécageuse, quelque débris resté découvert peut servir de témoin pour garder le souvenir et laisser l'espoir de meilleurs jours.

Duc de Broglie.

20 décembre 1888.

Les fêtes qui ont eu lieu à Sorèze, pour l'inauguration de la statue du Père Lacordaire, ont été magnifiques. Commencées le dimanche, elles se sont continuées jusqu'au lundi soir. Son Éminence le cardinal-archevêque de Toulouse devait les présider ; l'état de sa santé ne lui a pas permis de se rendre à Sorèze ; il a été suppléé par Mgr l'archevêque d'Albi, assisté de Mgr Grimardias, évêque de Cahors, et de Mgr de Cabrières, évêque de Montpellier. Pendant deux jours, l'affluence a été énorme. Toute énumération serait impossible : anciens élèves accourus en foule, un grand nombre de prêtres et de religieux, parmi lesquels le P. Chocarne, l'éminent historien du Père Lacordaire, et le P. Lionnet, vicaire général de l'ordre enseignant de Saint-Dominique ; toutes les notabilités du département et des départements voisins : le baron Reille, député du Tarn; MM. de Belcastel, ancien sénateur de la Haute-Garonne ; Jules Buisson, de Lordat, Jammes, Abrial, anciens députés ; de Bellomayre, ancien conseiller d'État ; de Saint-Simon, membre du conseil général du Tarn ; Delpech-Cantaloup, président du conseil général du Gers ; Maurice Sabatié, avocat à la cour de cassation, qui fut un des préférés du Père Lacordaire ; le comte d'Auberjon, dont la famille a compté cinq générations d'élèves à Sorèze ; de Grousson et Gardelle, anciens magistrats; Léon Lavedan, M. Clos, maire de Sorèze, etc., etc.

Au bout de la principale allée du parc de l'école, en face même de cette modeste cellule où l'on voit encore, non sans émotion, le lit cénobitique sur lequel, en 1861, mourut de la mort des justes Henri-Dominique Lacordaire, un autel avait été dressé. C'est là, en plein air, sous deux opulents platanes dont le soleil du matin illuminait de ses rayons d'or les branches vertes, que l'archevêque d'Albi a célébré la messe pontificale. Tout le long de l'allée, à l'ombre des arbres, étaient rangés les élèves, leurs parents et la foule des invités.

La messe terminée, l'archevêque d'Albi, du haut des gradins de l'autel, a prononcé un éloquent panégyrique du grand religieux.

Dans la cour d'honneur, à trois heures de l'après-midi, a eu lieu l'inauguration de la statue. Devant les deux battants de la porte de la cour, porte aux larges ouvertures qui permettait de tout voir, était massée, heureuse et rayonnante, la population de Sorèze qui a tant aimé le Père Lacordaire.

Lorsque les voiles qui couvraient la statue du Père Lacordaire sont tombés, des applaudissements ont éclaté de toute part.

Le statuaire, M. Girardet, a représenté le Père Lacordaire dans toute l'ampleur du costume dominicain. Le Père est debout, il appuie la main droite sur l'épaule d'un élève. De l'autre main, il fait le geste du maître qui enseigne. Il parle à l'enfant, et l'enfant le regarde avec une indéfinissable expression de reconnaissance, d'affection et de respect. Les bons juges en matière d'art estiment que cet enfant est un chef-d'œuvre. Le groupe entier, d'ailleurs, fait le plus grand honneur au statuaire.

Dans une éloquente allocution, M. Serrez de Gauzi, au nom du comité de souscription, a fait remise et hommage de la statue au collège de Sorèze. Mgr l'archevêque d'Albi a béni le monument ; M. le duc de Broglie a pris ensuite la parole :

Discours de M. le duc de Broglie.

« MESSEIGNEURS,

« MESSIEURS,

« Je m'étonne et je m'excuse de prendre le premier la parole dans cette touchante solennité, un tel honneur ne m'était pas dû. Il revenait naturellement, après le premier pasteur de ce diocèse qui vient d'appeler sur nous la bénédiction du ciel, au prélat éminent qui, en nous parlant du cœur du Père Lacordaire, nous fera comprendre ce que le miracle de la grâce divine opérant dans le secret d'une âme peut ajouter de perfection et de délicatesse à la beauté d'une nature d'élite.

» Voici seulement comment je puis m'expliquer cette préférence. Avant d'entrer dans le sanctuaire d'une église vénérée, on aime à s'arrêter sur le parvis pour contempler au dehors avec la foule les nobles proportions de l'édifice. D'autres vous diront ce que le Père Lacordaire a été devant Dieu : vous voulez qu'auparavant un spectateur et un témoin vous le rappellent tel qu'il a paru devant les hommes. Comme tous les grands serviteurs de l'Église, le Père Lacordaire a eu deux vies : l'une intime et cachée, où il avançait en sainteté sous le regard divin ; l'autre publique, éclatante et militante, où il a souffert, puis victorieusement combattu pour sa foi. C'est de celle-là seulement que vous voulez que je vous parle. J'ai assisté, bien jeune encore, aux premières luttes qu'il a soutenues; j'ai vécu dans l'intimité des illustres compagnons d'armes qui y ont pris part à ses côtés. J'ai eu le bonheur de m'entretenir avec lui, ici même, sous ces magnifiques ombrages, des épreuves qu'il avait traversées. Si dans ce commerce trop court à mon gré, mais qui m'a laissé de chers souvenirs, j'ai pu surprendre quelque chose du secret qui a fait la popularité de son nom et l'heureuse efficacité de sa parole, il peut être utile que j'en fasse part à la jeune génération qui m'écoute et qui ne l'a pas connu.

» Ce secret est bien simple et je le dirai en deux mots. Le Père Lacordaire a aimé passionnément deux choses : l'Église et la France. (*Applaudissements.*) Ces deux sentiments ont régné dans son âme sans se confondre et sans se combattre. Ç'a été l'art et le bonheur de sa vie de ne les avoir jamais laissés aux prises et d'avoir fait en sorte que jamais en lui ni le patriote ni le chrétien n'ont eu rien à se disputer ni à se sacrifier l'un à l'autre.

» Oui, jeunes Français qui m'écoutez, il est bon que vous le sachiez, après Dieu, ce que le Père Lacordaire aimait le mieux au monde, c'était la France. Il l'a aimée par une de ces affections puissantes et irrésistibles qui s'attachent à tous les traits du caractère d'un être chéri, et le suivent dans toutes les vicissitudes de sa destinée. « J'éprouve » (écrivait-il un jour à l'un de ses élèves devenu son confident et son ami), « une joie indicible à penser que, » depuis vingt-sept ans, jour de ma consé- » cration initiale à Dieu, je n'ai dit une » parole ni écrit une ligne qui n'eût pour » but de communiquer l'esprit de vie à la » France et de le lui communiquer sous » une forme acceptable pour elle, avec

» douceur, tolérance et patriotisme. » Touchant langage qui, dans l'ordre des affections surnaturelles, semble emprunter quelque chose de l'accent des tendresses humaines! Pour rendre comme il le disait si bien et l'a fait mieux encore, la foi chrétienne acceptable à la France, ne fallait-il pas commencer par s'associer à tous ses sentiments, vivre de sa vie et garder sa main sur son cœur pour en compter tous les battements? Un fond de sympathie inépuisable était pour un auditoire français le charme souverain de l'éloquence du Père Lacordaire. C'était un ami bien plus qu'un prêtre ou un docteur, celui qui savait si bien descendre au fond de chaque âme pour y faire vibrer la corde prête à répondre à l'appel divin, toucher les blessures d'une main fraternelle et condamner l'erreur sans la maudire. Les plus indifférents demeuraient captivés par cette parole pénétrante qui semblait ne rien ignorer de ce qui se passait en eux, ni les doutes de leur esprit, ni les troubles intérieurs de leur conscience, ni les caprices mêmes de leur imagination. Un courant d'émotion communicative s'établissait ainsi entre l'orateur et la foule qu'il tenait suspendue à ses lèvres ou faisait tressaillir par des traits soudains, comme sous le choc d'une communication électrique. (*Applaudissements.*)

» Je n'ai pas mémoire, par exemple, d'avoir assisté dans ma vie à une scène d'une émotion plus saisissante que le jour où, paraissant pour la première fois dans la chaire de Notre-Dame, revêtu de la robe blanche du dominicain que notre génération ne connaissait plus, il ouvrit la bouche pour célébrer la vocation de la nation française et les services rendus par cette race élue à la justice, à la vérité, à la civilisation. Jamais parole plus inattendue n'était tombée de la chaire chrétienne. Un murmure de surprise auquel se mêlait un peu de juste fierté s'éleva alors de tous les coins de l'assistance, répété par les voûtes de la vieille cathédrale. On eût dit que les échos du lieu saint lui-même s'associaient à l'hommage rendu à la vieille France, à la fille aînée de l'Église, à la France chrétienne, convertie avec Clovis à Tolbiac, victorieuse du Maure avec Charles Martel à Poitiers, et portant au front un reflet de l'auréole de saint Louis. (*Vive sensation.*)

» Mais s'il aimait ainsi la France de nos pères, son affection s'étendait aussi à la France de notre âge, plus démocratique et plus populaire qu'avec la permission de Dieu le temps et les révolutions nous ont faite. Non qu'il assistât sans regret à la chute ou au déclin des grandeurs passées; non qu'il ait jamais été ingrat pour ces huit siècles de monarchie nationale, pendant lesquels il n'y a pas eu un accroissement de la puissance royale qui n'ait coïncidé avec un progrès d'unité et de grandeur pour notre patrie. (*Applaudissements.*) Mais il pensait que d'une commotion aussi profonde que celle qui venait d'ébranler le sol de la France, de nouvelles conditions sociales avaient dû sortir, et dans celles que la Providence imposait à notre vie publique, il ne voyait rien qui ne pût être ou pénétré, ou corrigé, ou épuré par l'esprit chrétien. Aussi quel soin de faire comprendre à la France que sa vieille loi n'avait rien d'incompatible avec ses mœurs et ses aspirations nouvelles! quelle application à dissiper le nuage de préventions élevé à cet égard pendant la confusion des troubles révolutionnaires! quel souci de dégager l'Église elle-même de toute solidarité avec un passé qui ne pouvait revivre! quelle démonstration donnée par l'exemple encore plus que par le conseil, que sous la robe du prêtre et même du religieux, un Français pouvait rester de son temps et de son pays!

» Cette conciliation possible et toujours attendue entre la France moderne et l'Église : c'était sa pensée la plus chère et le thème favori de ses instructions. A ceux qui, par des motifs différents, exprimaient un doute découragé ou intéressé, et paraissaient espérer ou craindre de voir l'Église ensevelie sous les ruines de l'ordre ancien, il aurait volontiers dit, comme l'ange assis sur les ruines du saint Sépulcre : « Ne cherchez pas parmi les morts celui qui est vivant. » C'était surtout pour la dignité de l'Église, qu'il ne voulait à aucun prix la voir dépouillée de son caractère divin par excellence, qui est de dominer de si haut toutes les formes sociales et politiques qu'aucun de leurs accidents ne peut l'atteindre. « Non » (s'écrie-t-il quelque part, par une de ces vives images familières à son style et dont la justesse égale l'éclat), « les sociétés chrétiennes ne vivent pas » d'un dogme comme on vit dans un tom- » beau. Elles ressemblent à ces astres du » firmament qui se meuvent dans un espace » indéfini, sans rompre jamais l'ordon- » nance de leur marche et des lois qui les » régissent sous la main de Dieu. » (*Vifs applaudissements.*)

» Dans cette confiance, il ne s'effrayait et même ne se plaignait de rien outre mesure, pas même du régime de vie laborieux qui est imposé aux défenseurs de la foi dans les sociétés où l'unité religieuse ayant péri, la contradiction les attend et doit être rencontrée face à face. La vérité, pensait-il, a toujours eu et aura toujours, sous une forme ou sous une autre, des combats à soutenir. Dieu qui les prévoit et les permet donne aux serviteurs qu'il envoie sur la terre les armes propres aux épreuves qu'il leur réserve. Lacordaire était armé de toutes pièces pour les luttes de la presse et de la parole.

» Aussi, comme d'autres (dont le nom inséparable du sien est en ce moment, j'en suis certain, sur toutes les lèvres), il descendait dans l'arène sans défaillance, sans irritation et même sans déplaisir, demandant seulement que les conditions du combat fussent ouvertes et loyales. Se méfiant dans les jours où nous vivons de la puissance, du désintéressement et aussi de la stabilité des gouvernements, il leur demandait moins de protection que de liberté. (*Applaudissements.*) C'était à la liberté de la parole qu'avait été dû le retentissement de la sienne : c'était la liberté de l'enseignement, conquise par la liberté de discussion, qui avait rendu à la famille le droit d'élever religieusement l'enfance; c'était de la liberté d'association qu'il attendait l'établissement définitif des ordres religieux dont il avait pris l'initiative. Toutes ces libertés, le droit public nouveau de la France les avait promises : il ne lui demandait que de tenir parole et d'en assurer la réalité. (*Vive approbation.*)

» Lacordaire ne voyait donc rien dans le spectacle que lui présentait la France moderne qui le portât à l'aimer moins et à désespérer d'elle. L'amour pourtant, je le sais, même le plus pur, même celui du citoyen pour sa patrie, a ses périls et des séductions. Il peut s'aveugler sur des écarts et des défauts que condamnerait un jugement moins prévenu. C'était le danger de la voie large et conciliante, peu frayée avant lui, où Lacordaire engageait la prédication chrétienne et où elle pouvait s'égarer. On pouvait craindre (on l'en a quelquefois accusé) de le voir, par une capitulation complaisante, atténuer ou relâcher sur certains points la rigueur du dogme pour ne pas heurter de front des préjugés, ou s'accommoder à des opinions dominantes. De la part d'un docteur catholique c'eût été une grave défaillance : grave surtout dans une société comme la nôtre, qui a eu un jour la prétention de réaliser un idéal philosophique dans ses lois et de tracer le code imprescriptible et absolu des droits de l'humanité tout entière. Entrer trop facilement dans cette illusion de l'orgueil national, c'eût été s'exposer à consacrer, à déifier même plus d'une erreur et méconnaître qu'il n'y a pour des chrétiens d'autre état idéal de société que celui qui prendrait la loi divine pour règle, et d'autres vérités absolues que celles que cette loi a marquées de son sceau.

» Pour se préserver d'une faiblesse que

le patriotisme même n'aurait pas suffi à excuser, il n'y avait qu'un moyen sûr, c'était de tenir les yeux constamment fixés sur l'autorité souveraine, qui est l'interprète de cette loi suprême. Lacordaire a eu le bonheur de ne la jamais perdre de vue.

» Un instant il aurait pu être tenté de s'en écarter, à la suite d'un maître illustre qui, pour préserver la foi des périls que pouvaient lui faire courir des révolutions successives, n'avait rien trouvé de mieux que de faire entrer l'esprit révolutionnaire dans le sein de l'Église elle-même. Comment Lacordaire séduit, avec un groupe de généreux amis, par l'âpre éloquence de Lamennais, fut le premier à s'arrêter sur une pente qui l'aurait conduit à cet abîme, le monde chrétien le sut. Un signe, une muette indication du déplaisir de Rome lui suffit et tout fut dit. Il fallut rompre avec un chef aimé : c'était pour une âme comme la sienne le plus douloureux des sacrifices : après celui-là, aucun ne devait plus lui coûter. Aussi, à partir de ce moment, il n'y eut ni engagement d'amour-propre, ni recherche de popularité, ni secret désir d'être agréé des sages du monde ou applaudi de la foule qui l'ait fait hésiter un instant sur le devoir absolu de la soumission catholique.

» Le serment prêté le premier jour a été tenu jusqu'au dernier : « Nous finirons » (disait-il avec les jeunes écrivains du journal l'*Avenir*, en allant chercher à Rome un jugement qu'il n'attendit pas), « nous
» finirons comme nous avons commencé.
» Et quand, après une vie d'épreuves et de
» combat, notre dernier soupir aura mar-
» qué le terme de nos travaux, on pourra,
» nous l'espérons, graver sur notre tombe
» cette parole de Fénelon : « O sainte

» Église de Rome, si jamais je t'oublie, » puissé-je m'oublier moi-même ! »

» Messieurs, ce qui n'était qu'un vœu ce jour-là a été une prédiction accomplie, et sur la tombe aujourd'hui fermée de Lacordaire, on peut graver l'inscription préparée par sa jeunesse. (*Applaudissements.*)

» Fils soumis de l'Église et dévoué de la France, n'avais-je pas raison de vous dire que c'était là Lacordaire tout entier ? Celui qui en reproduisant son image effacerait ou atténuerait un de ces deux traits, en altérerait toute la ressemblance.

» C'est aussi la double leçon que donne cette noble image, à ceux qui entrent dans la vie sous le patronage d'un si grand nom. Je voudrais me taire et ne rien dire qui pût assombrir pour eux l'éclat d'un jour comme celui-ci. J'ai pourtant le devoir de leur rappeler que s'ils veulent marcher sur les traces de Lacordaire, plus d'une épreuve peut les attendre pareilles à celles qu'il avait rencontrées au début de sa carrière et dont il pouvait espérer, en quittant la terre, que le retour nous serait épargné.

» Quand Lacordaire nous a été enlevé, la paix entre sa chère France et l'Église n'était pas sans doute encore conclue au gré de ses souhaits et de ses rêves : mais de premières bases étaient posées par des lois équitables : on pouvait beaucoup attendre du temps, du cours nouveau imprimé à l'esprit public, de l'ascendant de la vérité sur les âmes, et de la vertu vivifiante qui fait germer et croître les institutions catholiques, quand rien ne vient en comprimer le développement. Bien des préventions s'étaient évanouies : la liberté loyalement pratiquée tenait ses promesses. Quelque indifférent qu'il pût être à ce qui ne touchait que sa personne et sa gloire, Lacordaire pouvait constater ce progrès, dû en partie à ses efforts, par les faveurs inattendues que lui témoignait l'opinion publique, sans qu'il eût jamais été au-devant d'elle et qui, parties de points différents, n'en attestaient que mieux cet apaisement général des esprits. Au suffrage populaire qui l'avait envoyé un jour siéger sur les bancs d'une Assemblée constituante succédait le choix plus discret d'une compagnie où d'anciens et illustres adversaires, en lui adressant un appel inattendu, avaient songé encore à autre chose qu'à honorer en lui l'éloquence. L'entrée triomphale d'un moine à l'Institut, vêtu de ce froc auquel vingt ans auparavant on interdisait encore l'accès des églises, c'était là une grande démonstration de paix et de liberté religieuse. De pareilles journées sont dignes de mémoire. L'Académie française en garde avec fierté le souvenir, et Lacordaire a pu en emporter la consolation dans la tombe.

» Mais, à nous qui devions lui survivre, quel douloureux lendemain nous était réservé ! Qui de nous était préparé ce jour-là au spectacle tout à la fois odieux et risible dont nous devions être sitôt après les témoins ? à ce cri de passion et de haine poussé contre l'Église, d'abord dans les bas-fonds de la société, puis entendu et répété dans les régions soudainement abaissées du pouvoir ? (*Vifs applaudissements.*) Qui de nous s'attendait à cette renaissance du vieil esprit de secte et d'intolérance reparaissant sous ses deux faces également répugnantes, tantôt avec le cynisme de la violence démagogique, tantôt sous le masque d'une légalité hypocrite ? Parmi les disciples les plus chers du Père Lacordaire, il en est un, le jeune et charmant Captier, que j'ai connu et que je ne puis oublier. Il ressemblait à son maître par la finesse des traits, la pureté et la flamme de son regard. En donnant sa dernière bénédiction à ce fils digne de lui, Lacordaire avait-il prévu le sort qui lui était réservé ? Cette noble figure lui est-elle apparue marchant au supplice, puis clouée au mur d'un cachot, et servant de cible aux balles d'une faction, qui s'étale encore aujourd'hui dans nos rues avec l'orgueil de l'impunité, sans se cacher des crimes qu'elle a commis ni de ceux qu'elle médite encore. (*Applaudissements prolongés.*)

» Et ces maisons de son ordre, presque toutes fondées par lui, ces asiles bénis de charité et de prière, Lacordaire avait-il prévu que nous les verrions un matin, avant l'aube, surprises, cernées, forcées par une troupe d'exécuteurs armés de crochets et de haches comme des voleurs de nuit? Oh! cher et vénérable Père, quand dans une de ces tristes journées, après avoir vainement protesté moi-même moins au nom de la justice que de la pudeur publique, j'ai vu vos Frères appréhendés au corps et dispersés par une main de police, c'est à vous que j'ai songé. J'ai pensé à ce que vous auriez souffert, non pour votre dignité qu'un si vil traitement ne pouvait atteindre, mais en voyant vos généreuses espérances déçues et pour l'honneur de votre patrie livrée au mépris et à la risée de tous les hommes sérieux d'Europe par le spectacle ignoble et puéril de ces vexations de bas étage. Je me suis demandé s'il ne fallait pas vous estimer heureux d'avoir quitté la terre avant d'avoir été témoin de ces misères, et si nous ne devions pas dire de vous ce que Cicéron a dit de Crassus, que Dieu avait veillé sur vous par l'opportunité de votre mort : *Divino consilio opportunitate mortis extinctum esse te arbitror.*

» Mais non, votre grande âme n'eût point agréé ces félicitations de nos cœurs timides : vous dont la nature intrépide et infatigable n'a jamais connu ni lassitude ni défaillance, et dont on a pu dire avec justesse, en commentant un des plus beaux passages de vos écrits, que la seule chose qui pût vous déplaire dans la mort, c'était le repos. Si un regret de la terre était possible dans le séjour bienheureux où nous avons la confiance que la grâce divine vous a appelé, le seul que vous éprouveriez serait de n'avoir pas été mêlé à nos peines pour relever nos courages. Vous n'auriez pas fléchi, mais bondi sous l'injure. Vous seriez accouru au premier appel pour prendre votre place à la tête des champions généreux (le nombre en est grand, Dieu merci) qui n'ont pas déserté le combat. Tant qu'un souffle eût été laissé à votre voix, elle se serait élevé pour dénoncer les proscripteurs; tant que votre plume n'eût pas été brisée, elle eût tracé des lettres de feu pour les stigmatiser. (*Vifs applaudissements.*)

» Mais à défaut de cette parole vivifiante qu'il ne nous est plus donné d'entendre, reste l'éloquence des souvenirs et des exemples, et celle-là n'a jamais parlé plus haut qu'au pied de la statue de Lacordaire. Ou cette journée n'a pas de sens, ou elle signifie qu'il faut dire de lui ce qu'on a dit des plus grands saints, c'est que la meilleure manière de les honorer, c'est de les imiter. Faire comme lui, — en présence de l'abandon ou de l'hostilité des pouvoirs humains, ne pas se consumer en regrets stériles et en vœux impuissants, — mais, par des efforts isolés ou collectifs, user pour la défense de la foi des armes qu'on tourne habituellement contre elle : presse, parole, suffrage populaire, droits politiques et civils de tout degré et de toute espèce, — mettre en œuvre toutes les libertés même amoindries ; se battre avec le tronçon de l'épée quand la lame en est faussée ou brisée, — ne pas se lasser de faire appel à la justice de la France qui sommeille parfois, mais qui a de brusques réveils, — se souvenir enfin que, si Dieu permet que son Église soit tenue à l'écart des prospérités terrestres, il ne souffre jamais qu'on porte longtemps atteinte à sa liberté, c'est le conseil que donnerait Lacordaire, au nom de son expérience, à ceux qui veulent le prendre pour modèle. (*Applaudissements.*)

» Mais ce qu'il ne leur eût pas recommandé avec moins d'instance, c'est de chercher leur force là où il l'a trouvée lui-même, dans une union constante avec le siège de l'autorité catholique, et jamais conseil n'a été plus qu'aujourd'hui d'une application facile et encourageante. Quand on tourne ses regards vers Rome, en effet, quel spectacle saisissant nous est offert! quelle leçon donnée, quel motif d'espoir proposé à ceux qui, aux prises avec un pouvoir ennemi, n'ont d'autre appui que la vérité et la justice? Jamais n'a été mieux démontré ce que peut la force morale, à elle seule, dans le dénûment de toute force matérielle. Léon XIII est sans puissance et sans armes : le cercle formé autour de l'étroit espace où il vit renfermé se resserre autour de lui chaque jour. Et cependant du fond de cette retraite, si semblable à une prison, vient-il à élever la voix, jamais parole pontificale n'a rencontré plus d'écho, jamais hommage plus unanime n'a été rendu à la chaire de Pierre. Il y a eu un moment, au milieu des fêtes de son incomparable jubilé, où il semblait qu'il y eût concurrence entre tous les États de l'Europe pour lui témoigner, par l'empressement et la richesse de leurs offrandes, la sincérité de leur respect.

» L'élan ne partait pas seulement des nations catholiques à qui la foi commande la confiance et rend l'admiration naturelle : celles mêmes qui ne reconnaissent pas le caractère divin des enseignements du Pontife s'inclinent devant leur sagesse. Hier, sa fermeté mêlée de prudence tempérait en Allemagne les excès de la toute-puissance; aujourd'hui, c'est l'Angleterre qui appelle son intervention pour calmer les ressentiments d'une nation irritée par une oppression séculaire. Et le nouveau monde ne veut pas rester en arrière de l'ancien. Le président de cette grande démocratie américaine qui se vante de marcher à l'avant-garde de la civilisation a voulu se joindre aux hommages qui affluaient de toutes parts par un don que son extrême simplicité même rendait significatif. Offrir au chef de l'Église un exemplaire de la Constitution des États-Unis, n'était-ce pas le reconnaître comme le représentant le plus élevé des intérêts spirituels de l'humanité, et en lui fournissant la preuve que dans une charte populaire la liberté religieuse peut figurer au premier rang, prendre envers lui l'engagement que sur cette moitié du globe au moins elle serait toujours respectée. (*Applaudissements.*)

» Avec quelle joie Lacordaire se serait uni à ce touchant concert de tous les peuples. Combien n'eût-il pas été empressé de reconnaître avec un des docteurs les plus éminents de cette libre Amérique, le recteur de l'Université de Washingston, qu' « à Léon XIII la Providence a assi-
» gné la tâche de poser la règle de l'accord

» qui doit s'établir entre l'Église et l'état » nouveau de la société, et l'a merveilleu- » sement préparé à accomplir cette mis- » sion! » Oui, c'est bien là l'œuvre de ce grand Pape! C'est le dessein qu'il poursuit dans ces belles instructions qui se succèdent en se complétant et où la profondeur de la pensée philosophique s'unit à la prudence de l'homme d'État. Il n'en est pas une qui n'ait pour but de tracer aux ministres de l'Église comme fidèles les règles du rôle actif qui leur est non seulement permis mais imposé dans les temps agités où Dieu les a fait naitre. Tout est dit maintenant : la ligne de conduite est définie par une décision au-dessus de toute controverse. Si sur la nature de ce devoir, si important à connaitre pour les consciences chrétiennes — objet constant des méditations et des prières du P. Lacordaire, — des obscurités subsistaient, elles sont dissipées : si des écueils étaient à craindre, il suffit qu'ils soient signalés pour être évités. Si des contestations s'étaient élevées, elles doivent être oubliées. Il ne reste plus qu'à marcher tous ensemble et à agir.

» Disciples de Lacordaire, avancez sans crainte dans la voie éclairée et raffermie par Léon XIII ! » (*Applaudissements prolongés.*)

Après avoir lu ces superbes pages, on comprendra aisément l'émotion profonde qu'elles ont dû produire, et les acclamations prolongées qui ont à maintes reprises salué une si grande parole.

Mgr de Cabrières, évêque de Montpellier, s'est levé à son tour. Au début de son discours, l'éminent prélat a fait entendre une protestation vengeresse contre les statues indignes qui, trop souvent, souillent et déshonorent nos places publiques. Il a cité ensuite des fragments de lettres inédites du Père Lacordaire, qui ont été avidement écoutées. Ces correspondances intimes n'étaient-elles pas le meilleur moyen de montrer ce que fut le cœur du Père Lacordaire? La fin du discours, très vibrante, très chaleureuse, n'a pas été moins applaudie.

Au cours de son allocution, Mgr de Cabrières a adressé à M. le duc de Broglie quelques paroles de remerciement pleines d'effusion et de bonne grâce.

A sept heures du soir, un banquet de trois cents couverts, organisé par les membres de l'Association sorézienne, a eu lieu dans la grande salle de l'école. Cette salle, consacrée à tous les glorieux souvenirs de la maison, est ornée de bustes nombreux. Le grand navigateur Lapérouse, Henri de La Rochejacquelin, les généraux Andreossi, Cafarelli, Dejean, Frédéric Bastiat... et bien d'autres encore qui furent élèves de Sorèze et forment comme une couronne à l'antique collège.

A la fin du banquet, de nombreux toasts ont été portés : par le P. Ligonnet aux invités, par M. de Lahondès à l'Association sorézienne, par M. de Saint-Simon à l'artiste Girardet, auteur de la statue, par M. Maurice Sabatié au comité qui a organisé la souscription, par M. de Grousson au drapeau de Sorèze et au drapeau national, par M. Vergues à la prospérité de l'école, par M. de Belcastel parlant au nom de l'Académie de législation de Toulouse, dont le P. Lacordaire faisait partie, par M. Jules Buisson à M. le duc de Broglie, par Mgr l'archevêque d'Albi à Léon XIII. Le soir, toute la ville de Sorèze était illuminée.

La fête du 23 juillet a été un magnifique hommage rendu à la mémoire du Père Lacordaire. Tous ceux qui y ont assisté en garderont un ineffaçable souvenir.

DISCOURS

DE

M. LE PRINCE DE BROGLIE

PRONONCÉ DANS LA SÉANCE PUBLIQUE
DU 26 FÉVRIER 1863, EN VENANT PRENDRE SÉANCE
A LA PLACE DE M. LACORDAIRE

Messieurs,

Quand vos regards s'arrêtent sur la place où je viens m'asseoir, je devine sans peine la triste pensée qui vous saisit. N'est-ce pas hier, à cette place même, que le Père Lacordaire déplorait avec vous la fin prématurée de M. de Tocqueville ? Et ce jour devait être le seul qu'il passerait lui-même parmi vous ! En franchissant le seuil de cette enceinte, il pouvait déjà vous redire les adieux que Bossuet faisait entendre sur le cercueil de Condé ! C'est vous qui avez agréé les *derniers efforts de sa voix*, et l'éloge de M. de Tocqueville aura mis *fin à tous ses discours*. Vos suffrages pourtant ne lui ont pas été donnés en vain ; grâce à vous, les noms de Lacordaire et de Tocqueville, unis dans cette séance mémorable, iront porter ensemble à l'avenir un symbole complet de dignité chrétienne et d'honneur politique. La mort, en les surprenant dans cette rencontre inattendue, a consacré pour jamais l'alliance que vous avez faite entre ces deux renommées.

Sans doute, Messieurs, après ces coups répétés, vous avez désespéré de donner au Père Lacordaire un successeur capable de faire oublier votre double perte. Vous vous êtes contentés d'en trouver un qui la ressentit, comme vous, tout entière. Je ne vois pas d'autre motif pour justifier à mes propres yeux le redoutable honneur que vous m'avez fait. J'ai connu ces deux hommes de bien : ils m'ont permis de les aimer, ils ont encouragé mes premiers efforts. Vous avez jugé qu'il m'était plus aisé qu'à personne peut-être de les confondre dans un même regret. Est-ce assez pourtant pour me rassurer ? Je songe que, quand nous les possédions, c'est ici qu'ils se trouvaient dans la société de leurs égaux. Que suis-je pour entrer dans une telle compagnie sous le poids de tels souvenirs ? Souffrez que, pour me soustraire au fardeau de la comparaison, j'abrège l'expression de ma reconnaissance.

J'ai, d'ailleurs, à vous entretenir d'un sujet plus digne de votre intérêt. Je dois vous parler d'une vie pleine d'enseignements et de contrastes, et c'est déjà presque une singularité piquante que d'avoir à en faire ici le tableau : car pas un jour de cette vie n'a été consacré à rechercher la gloire dont vous êtes les dispensateurs. J'ai à vous rappeler comment vous avez dû songer à celui qui n'avait pas dû songer à vous, et comment le Père Lacordaire a été amené à la porte de cette enceinte par des chemins qu'il n'avait pas choisis pour l'y conduire, et que personne, je pense, n'avait suivis avant lui.

Ses débuts pourtant furent ordinaires, et, à son entrée dans la vie, rien ne le distinguait de la foule de ses compagnons de jeunesse : rien dans l'histoire de son enfance, rien dans les tendances de son esprit. Né dans une condition moyenne, il avait reçu l'éducation commune. Il était le fils d'un médecin, l'héritier d'un patrimoine borné qu'il partageait avec trois frères, l'élève d'un lycée de l'État. Une mère chrétienne avait déposé dans son cœur quelques sentiments de piété, dont la préoccupation des études et l'éloignement du toit paternel avaient promptement effacé la trace. Il arrivait à Paris, à vingt ans, pour y faire son stage d'avocat, rêvant la réputation, comme un autre; comme un autre, obligé de pourvoir d'abord à l'existence. Aux sources communes le jeune étudiant avait puisé les idées courantes. Il y a parmi nous, à toute époque et sur tout sujet, un état régnant d'opinions qui forme autour de la jeunesse une atmosphère dont le vol le plus hardi met quelque temps à se dégager. Un étudiant, pris au hasard, arrivant de province en 1822, devait penser en philosophie comme Condillac, ou tout au plus comme Rousseau : à peine avait-il pu entendre un faible écho des nobles accents dont retentissait déjà la Sorbonne ressuscitée. En fait d'opinions sur le passé et sur l'histoire, il s'en tenait à l'*Essai sur les mœurs*, sauf quelques entraînements d'imagination à la suite du *Génie du Christianisme :* Chateaubriand comme poète, mais Voltaire encore pour docteur. Dans le présent, c'était un goût prononcé pour les institutions libérales, mais nulle reconnaissance pour la royauté de qui ce bienfait nous était venu : un attachement passionné pour tous les résultats de la révolution française, d'où naissent souvent une frayeur chimérique de les perdre et une précipitation à les défendre, qui aboutissaient à les compromettre. Le jeune Lacordaire était pleinement de son temps sur tous ces points : il en avait les qualités, les défauts, les convictions, les préventions.

Ce qu'on chercherait vainement dans cet ensemble d'idées, c'en est une qui fût de nature à porter ses vues vers le sacerdoce. Le spectacle que Paris offrait à ses regards n'était pas mieux fait pour l'y disposer. C'était le moment le plus vif de ce qu'on appelait, dans la langue du jour, l'alliance du trône et de l'autel. La vieille Église de France et la monarchie restaurée, engagées dans les liens d'une intimité très apparente, faisaient front ensemble à l'assaut des partis. Cette union ne trouvait pas grâce devant l'opinion contemporaine, qui ne lui tenait compte ni des souvenirs séculaires, ni de la communauté de malheurs qui l'avait fondée, ni de l'autel de saint Louis, ni de l'échafaud de Louis XVI. Au lendemain de 1789, une politique trop amie de l'Église paraissait un défi porté au principe même de la société nouvelle. Des pamphlets, des chansons, des dénonciations, écloses chaque matin dans la presse, venaient envenimer cette inquiétude et comme agacer ce nerf irritable. D'humeur indépendante, d'une fierté ombrageuse et indocile, Lacordaire était l'homme le moins fait pour être tenté de s'enrôler par une ambition profane dans les milices d'une religion en crédit.

Dix-huit mois pourtant ne s'étaient pas écoulés pour lui dans cette arène des luttes judiciaires, où retentissent tous les échos de l'opinion, qu'un jour, sans préparation, on apprit qu'il était chrétien, et que, chrétien, il voulait être prêtre. Rien n'expliquait, personne n'avait provoqué cette résolution. Le monde, d'ordinaire, quand de pareils coups le surprennent, met sa vanité à avoir rompu le premier avec ceux qui l'abandonnent. Il leur suppose volontiers quelque mécompte de cœur ou d'amour-propre, le désespoir des passions ou le dépit de l'orgueil déçu. Nulle ombre, nul soupçon ici de ces motifs romanesques ou mesquins. La jeunesse du néophyte était pure et exempte d'orages : la fortune souriait à ses premiers efforts. Il fallut bien croire et convenir que tout s'était passé entre Dieu et lui. Il se convertit, comme les saints, parce que du seuil de la vie et des sommets de la jeunesse, ayant mesuré la terre, elle ne lui avait pas suffi. Quand ses vœux eurent dédaigné le plaisir et dépassé la gloire, que lui restait-il que Dieu seul ? Nul conseiller, nul témoin, nul coup, nul contre-coup des influences contemporaines, ne vint ni précipiter ni retarder son mouvement vers l'éternité. Nul souffle du dehors ne troublait les profondeurs de sa conscience, à ce moment ineffable où, comme dans une eau souterraine qu'un rayon du jour pénètre, vint s'y refléter l'image divine.

Mais précisément parce que nulle influence humaine n'avait déterminé ce tour nouveau de ses sentiments, tous ses rapports avec Dieu se trouvèrent changés sans que la conséquence nécessaire fût pour lui de renverser du même coup tous ses rapports avec les hommes. L'idée ne lui vint pas, par exemple, que pour entrer dans l'Église il fallût commencer par changer de parti : c'eût été à ses yeux faire descendre sa foi des hauteurs si fort élevées au-dessus de la politique, où il avait été la puiser. Sans doute le jour levé dans son esprit projetait sur toutes ses idées une lumière et des teintes nouvelles, mais sans en altérer la direction ni la substance. Ainsi, pensant moins bien, je veux dire moins orgueilleusement de l'humanité en général, il ne crut pas devoir commencer à penser plus mal de son siècle et de son pays par comparaison avec d'autres. La France moderne, telle que les révolutions nous l'ont faite, montrant à son œil mieux dirigé des faiblesses que lui avait jusque-là cachées la gloire, lui parut digne de moins d'idolâtrie, mais non de moins d'amour : comme un noble blessé à guérir, jamais comme un ennemi à combattre. « Je ne veux pas, » écrivait-il dès lors à un ami, perdre en » devenant chrétien ces idées d'ordre, de » justice et de liberté forte et légitime, qui » ont été mes premières conquêtes : c'est » la religion qui a fait l'Europe moderne. » L'Église a parlé de raison et de liberté, » quand ces droits imprescriptibles du » genre humain étaient menacés d'un nau- » frage universel. » Trente ans après, sur son lit de mort, il peignait encore de quelques traits de son génie près de s'éteindre toutes ces nuances mélangées aux premières ardeurs de sa foi.

« Tout l'homme, disait-il, était de- » meuré en moi : il n'y avait de plus que » le Dieu qui l'a fait. »

Puis, parlant tout à fait sans ambages, il

ajoutait : « J'étais resté libéral en deve-
» nant catholique. »

Par malheur, pas plus au séminaire où il entrait qu'au barreau dont il sortait, l'alliance de ces deux épithètes n'était alors familière à aucune oreillle. Le malentendu qui datait des mauvais jours de nos révolutions durait toujours : une religion à qui l'éternité est promise laissait lier sa destinée à des institutions périssables : et la liberté, de son côté, méconnaissait dans la conscience chrétienne sa plus naturelle alliée. Un prêtre que n'effrayaient pas les nouvelles conditions sociales de la France devait se résigner à passer pour un phénomène à peu près inexplicable. Il n'y avait peut-être de plus rare à rencontrer qu'un libéral qui ne demandât pas l'arbitraire contre l'Église. Admis dans la maison ecclésiastique d'Issy, sous des ombrages qui rappelaient Versailles, auprès de ces docteurs de Saint-Sulpice, d'un esprit tempéré et d'une doctrine sévère, qui avaient la foi du grand siècle et les manières de l'ancienne France, un jeune philosophe, sorti tout bouilllant du foyer même de la société moderne, devait causer et ressentir quelque surprise. Il lui échappait des mots qui troublaient, des saillies inattendues en dehors des sentiers battus de l'enseignement. Il entrevoyait des régions inconnues du monde moral dont il rêvait d'être le missionnaire. « Sans le vouloir, » disait-il plus tard, je sortais de la physio- » nomie ordinaire des élèves. » Il quitta le séminaire après trois ans d'études, fervent mais triste, agité bien que soumis, plus surveillé qu'encouragé par ses supérieurs dans le poste d'aumônier de collège où ils l'avaient placé, et puisant dans sa foi solitaire une surabondance de zèle dont il ne trouvait pas l'emploi.

Dans ce chagrin de n'être pas compris, peut-être de ne pas voir clair au fond de lui-même, une idée traversa son esprit : quitter la France, fuir notre sol jonché de trop de débris, chercher une terre sans passé, par conséquent sans préjugés et sans récriminations, où il n'y eût pas de vieux comptes à régler entre la religion et la liberté. Il songea sérieusement à traverser l'Atlantique et à aller servir Dieu dans les églises pauvres, mais libres, des États-Unis. L'Évangile retrempé à ses sources populaires, une messe dite pour des colons rustiques dans une chapelle de bois, une prédication qui ne dût compte de ses hardiesses, après l'Église, qu'à la loi, c'était là ce qui séduisait une imagination qu'avaient laissée froide les pompes de nos cérémonies royales. Vous vous rappelez, Messieurs, avec quelle complaisance, vous rendant compte, il y a deux ans, du voyage accompli vers la même époque par M. de Tocqueville dans le nouveau monde, l'orateur ému s'arrêtait pour vous tracer un tableau brillant, mais flatté, de la démocratie américaine. C'était un retour des premières aspirations de sa jeunesse; dans le sentiment qui porta M. de Tocqueville en Amérique, le Père Lacordaire s'était reconnu; et, sans le coup du ciel qui survint, peut-être vos deux collègues se seraient-ils rencontrés quelque part à vingt ans, sur les bords d'un grand fleuve, devant les scènes de la nature vierge et de la société naissante, poussés tous deux par le même sentiment, la séduction de l'inconnu et la fatigue de porter le joug du passé. Le gentilhomme et le prêtre, gênés tous deux par un entourage de préjugés traditionnels, se sentaient pressés d'aller étudier les problèmes des temps nouveaux quelque part où ils pussent éliminer du calcul toutes les données étrangères. Tentation naturelle à de libres esprits qu'entravent des préventions populaires; mais, pût-on la satisfaire, un devoir de piété filiale défendrait encore d'y céder. C'est la condition comme l'honneur des générations humaines de ne pouvoir rompre à leur gré la chaîne qui les lie, même quand leurs membres ont grandi et que les anneaux les gênent. On ne répudie point, pour un peu d'ennui, l'héritage du nom, de la gloire, des fautes même de ses pères; et, quand cette succession est celle de la France, elle vaut bien quelques litiges à soutenir.

Les préparatifs du départ du futur missionnaire étaient faits, quand un jour, en se réveillant au fond du quartier Latin où il habitait, il entendit le grondement lointain du canon. Le bruit venait du côté du fleuve et du Louvre. Il courut aux nouvelles, revêtu d'habits séculiers. En approchant de la Seine, il aperçut au-dessus du palais des rois une colonne de fumée, à travers laquelle on distinguait le drapeau d'une révolution. C'était une révolution, en effet, prompte et triste réponse aux rêves d'un coup d'État royal.

Ah! Messieurs, nous les connaissons tous, ces journées où le sort d'une nation se décide dans les douleurs d'un combat civil. Tour à tour vainqueurs ou vaincus, tous les partis de France en ont éprouvé les angoisses ou les joies lugubres : ici le regret des fautes de la veille, et là le poids de la responsabilité du lendemain ; et, entre la fidélité qui pleure et l'espérance qui s'effraye de son triomphe, le tressaillement de toutes les convoitises qui s'éveillent et le tremblement de tous les intérêts éperdus. Aucun de ces sentiments ne traversait l'âme du jeune prêtre pendant qu'appuyé sur le parapet du quai, il suivait de l'œil la chute d'une royauté de dix siècles. Il n'apercevait ni les uniformes déchirés, ni l'insurrection victorieuse : il ne regardait qu'une chose; il regardait tomber l'alliance des vieux pouvoirs humains et de l'Église. Le tranchant d'un glaive d'en haut venait d'en couper le lien. La monarchie périssait : l'Église ne pouvait périr. Puisque l'Église n'avait pu communiquer à une dynastie royale l'éternité de sa vie divine, il ne lui restait plus qu'à demander l'aliment de sa vie humaine à la liberté.

Au même moment, sous la même secousse électrique, la même idée jaillissait dans l'esprit d'un autre prêtre. Celui-là n'était inconnu ni de lui-même ni du monde. Depuis plus de dix ans, au contraire, il fixait sur lui tous les regards. L'abbé de Lamennais était, en 1830, le plus grand nom de l'Église de France, et il aspirait ouvertement à la dominer. En attendant, il la remplissait et l'agitait de sa renommée. Il exerçait sur elle le genre d'ascendant que subissent aisément au lendemain des grandes luttes les causes qui se sentent momentanément affaiblies. Il employait pour défendre l'Église les armes mêmes qu'elle avait appris à redouter chez ses adversaires. De tous les écrivains qui depuis 1789 avaient tenté contre l'incrédulité régnante un retour offensif, aucun n'était plus osé : pour mieux combattre la philosophie, il n'avait pas craint d'ébranler les fondements mêmes de la raison. Et cependant M. de Lamennais, par un contraste que je ne suis pas le premier à remarquer, était un esprit de la trempe et un écrivain de l'école du XVIIIe siècle. Par l'abus du raisonnement, joint au dédain de la raison commune, par une phrase tour à tour abstraite et colorée, par une précision de langage qui simulait la profondeur des idées, l'*Essai sur l'indifférence en matière de religion* avait plus d'une fois rappelé les *Lettres écrites de la montagne ;* et, en voyant à la porte de son camp ce champion armé, armé à la fois de passion et de dialectique, l'Église de France s'était plu à se figurer qu'elle possédait dans son sein Rousseau lui-même, ressuscité et converti.

C'était bien lui, en effet, avec le plus funeste et peut-être aussi le plus puissant de ses dons, avec l'art et la volonté d'enfermer les esprits dans les conséquences impitoyables d'une idée unique. La pensée profondément fausse que toutes les difficultés de ce monde peuvent être levées par l'application d'un seul principe ; cette pensée, qui avait dicté à Rousseau le *Contrat social*, était celle aussi de Lamennais. A tout prix il lui fallait, pour régler toutes les affaires humaines, une formule simple pouvant servir de point de départ à un raisonnement rigoureux : plutôt que de renoncer jamais à ce besoin de sa nature et à cette condition de son talent, il était destiné à chercher successivement ce premier principe dans les opinions les plus différentes et à changer plusieurs fois de système sans jamais changer de méthode. Tant que la Restauration avait duré, l'union de l'Église et de l'État lui avait fourni l'axiome désiré, et il en avait déduit toutes les conséquences, jusqu'à effaroucher la fierté des héritiers de Louis XIV. Un roi maître absolu des peuples et serviteur passif de l'Église, c'était l'idéal politique qu'il avait rêvé. Quand 1830 eut dissipé les dernières fumées de cette chimère, de dépit ou d'instinct il passa résolument à l'extrémité opposée. S'emparant de tous les principes du gouvernement nouveau, il les poussa à l'extrême, c'est-à-dire à l'absurde, avec la même intempérance de logique servie par la même intolérance de caractère. La confusion de l'Église et de l'État n'était plus possible : ce fut le divorce absolu qu'il réclama. Une révolution avait triomphé : il poussa à l'insurrection universelle. Il ne pouvait plus demander la tête des hérétiques : ce fut à la liberté illimitée de la presse, de la parole et du culte, qu'il aspira. Au fond, ces grands raisonneurs sont plus sujets qu'on ne pense à ces conversions sur place. Le beau idéal des sciences de raisonnement pur n'est-il pas d'arriver à opérer sur des signes abstraits qui peuvent s'appliquer indifféremment à toute nature et à toute quantité d'objets? Dans l'équation de son algèbre politique, M. de Lamennais n'eut même pas une lettre à changer. X la veille était le roi; X fut le peuple : l'Église demeura le coefficient commun, et le calcul marcha comme auparavant.

Ce n'est pas à vingt-cinq ans qu'on s'écarte d'une idée généreuse et qui plaît, parce que la forme qu'elle reçoit manque de justesse ou de mesure. L'abbé Lacordaire, entendant sortir d'une bouche éloquente les deux mots qui lui étaient chers de religion et de liberté, fut des premiers à répondre à l'appel de M. de Lamennais. D'autres vinrent sortant des rangs de l'Église ou du monde : ils étaient jeunes, ils étaient français ; c'est assez dire que la forme absolue imprimée par M. de Lamennais à sa nouvelle doctrine fut précisément ce qui exerça sur eux le plus d'empire et d'attrait. Un journal fondé par eux sous le nom d'*Avenir* prit pour tâche d'entraîner l'Église et l'État sur la pente d'une démocratie sans bornes et d'une liberté sans frein.

L'effet en fut brillant mais passager. Vainement chez ses plus jeunes écrivains se révélait un éclat de talent inattendu; vainement chaque matin, dans des articles signés d'initiales d'abord inconnues, bientôt remarquées et devinées, tour à tour circulait une chaleur expansive ou brillait une diction lumineuse, qui faisaient heureusement contraste avec l'ardeur sèche et l'éclat sombre de la parole du maître; vainement la noble devise : Dieu et la liberté, retentissant au-delà de nos frontières, sous les arceaux gothiques des vieilles villes flamandes, y devenait le mot d'ordre d'une guerre d'indépendance; puis allait faire tressaillir, sous la rouille sanglante de ses fers, cette Pologne qui ne veut pas mourir tant qu'une prière peut monter au ciel en faveur du droit. L'école nouvelle ne pouvait se maintenir contre les désaveux unanimes, bien que non concertés, de l'Église et de l'État, qui ne voulaient pas plus l'un que l'autre modifier, à la voix des novateurs, les conditions de leur existence propre et celles du traité qui les unissait. De la part de l'État la répression fut légère : c'était le temps des résistances faciles et bruyantes qui, éclatant dans une atmosphère peu comprimée, ébranlent aisément tous les échos de l'opinion. Il y eut plusieurs procès, c'est-à-dire, suivant le mode d'alors, autant d'occasions de déployer beaucoup d'éloquence et d'encourir peu de sévérité. L'épopée de cette lutte avec l'État eut même ses incidents héroï-comiques. Un jour, c'était le jeune ecclésiastique qui, peu content de prêcher et d'écrire pour la cause de la liberté, voulait aussi, en souvenir de son premier métier, la plaider à l'audience : et il fallait une décision des chefs du barreau pour interdire à Lacordaire de cacher la soutane du prêtre sous la toge de l'avocat. Le lendemain, ce n'était plus comme avocat, mais comme maître d'école sans brevet, qu'il comparaissait devant la première cour du royaume en compagnie d'un des derniers rejetons de l'hérédité de la pairie prête à s'éteindre : et cette juridiction, plus aisément paternelle encore ce jour-là qu'aucune autre, souriait à l'éloquence pleine de verdeur d'un des complices, comme un aïeul à la vivacité généreuse et mutine du dernier enfant de sa race. Dans le sein de l'Église, le combat fut plus sérieux, portant plus au fond des idées, touchant plus au vif des cœurs fidèles. M. de Lamennais le soutint, le provoqua même avec toute l'âpreté de son naturel. Le clergé de France le désavouait : il se cita lui-même devant Rome, s'y rendit de sa personne, en pèlerin, disait-il, mais du pas d'un maître, et promettant la soumission du même ton qu'il eût exercé le commandement. Rome hésitait à parler et ne demandait que le silence, qu'elle désirait garder elle-même. Lamennais, moins patient que Rome, exigea une réponse; il la voulut directe, positive, fit si bien qu'il l'obtint accablante et, du même coup, sembla entraîner dans sa chute l'alliance promise à l'avenir entre la religion et la liberté.

Il n'en était rien, Messieurs; l'ombre même de l'homme illustre que vous pleurez se lèverait à mes côtés pour l'attester. Toute sa vie fut destinée à dissiper cette méprise. Frappé avec Lamennais, qu'il avait suivi dans son pèlerinage, il eut le mérite de comprendre qu'en refusant à M. de Lamennais, comme aux ligueurs de tous les temps, de glorifier l'insurrection en principe et de lâcher la bride à toute fantaisie populaire, l'Église, pas plus ce jour-là qu'aucun autre, n'avait entendu consacrer l'impunité de tous les pouvoirs, ni vouer les peuples à une stagnation éternelle et à une muette obéissance. Aujourd'hui comme au XIIIe siècle, aux nations qui subissent l'affront du pouvoir despotique, le vieux théologien du moyen âge, consulté, répondrait encore : En premier lieu, il faut savoir que la tyrannie n'est jamais légitime. — *Primo dicendum est quod regimen tyrannicum non est justum.* — Mais c'était le caractère de M. de Lamennais empreint sur toutes ses doctrines qui le désignait d'avance à la réprobation de l'Église dont il prétendait renouveler les destinées. Elle lui interdisait ce qu'elle n'a jamais accordé à personne, quoique de grands princes, de grands génies et même de grands théologiens le lui aient souvent demandé, le droit de lui dicter une politique et d'enfermer dans une règle impérative ses rapports avec les gouvernements humains. Aussi méfiante envers les systèmes qu'elle est patiente envers les faits, elle n'avait jamais autorisé Bossuet lui-même à fonder la monarchie absolue sur l'Écriture sainte, elle ne pouvait permettre à ces républicains improvisés de tirer à leur tour la démocratie pure de l'Évangile. Pour s'enchainer par ces formules étroites et passagères, elle a trop de siècles à traverser et trop de territoires à couvrir. Dépositaire d'une doctrine qu'elle doit réserver pour tous les âges et distribuer à tous les hommes, toute la liberté de ses mouvements lui est nécessaire pour ne heurter nulle part aux accidents du temps et de l'espace le vase précieux qu'elle porte en ses mains.

C'est là ce qu'avait compris le Père Lacordaire avant même qu'une autorité suprême l'eût averti. Un spectacle qui ne laisse aucun cœur chrétien indifférent, un coup d'œil jeté sur Rome, lui avait tout expliqué. Dans cette patrie des souvenirs, l'image de l'Église lui était apparue, assise sur le sépulcre des sociétés disparues, et regardant couler à ses pieds le fleuve des institutions humaines; et d'avance il avait quitté le dessein téméraire de troubler par des questions de politique éphémère ce calme, où des yeux aveugles voient l'engourdissement de la mort, mais qui n'est que la patience de l'éternité. D'autres aperçus encore s'étaient déroulés devant ses yeux et achevaient de le retenir pour jamais dans le lien de la vérité et du sacerdoce. Épris jusque-là d'un fier amour pour la première des libertés de ce monde, la liberté spirituelle des âmes, il n'en avait conçu qu'une seule forme, la plus héroïque : la lutte de la conscience isolée contre l'oppression. Rome lui en offrait une autre non moins imposante dans cette majesté désarmée du Vatican, qui, depuis dix siècles, tient en respect tous les conquérants, qui n'a joint la couronne à la tiare que pour mettre la conscience émancipée au niveau de toutes les grandeurs de la terre, et parce que l'empire des âmes est seul de taille à occuper, sans le plus ridicule des contrastes, le trône qu'a laissé vacant la déshérence des maîtres du monde.

Lacordaire se soumit du fond de l'âme; Lamennais, des lèvres seulement, en laissant échapper dès le premier jour les grondements d'un cœur irrité. Par un contraste que personne n'avait prévu, celui qui sut modérer son ressentiment fut l'ardent jeune homme connu seulement par la verve impétueuse de quelques écrits. Le docteur émérite dont toutes les paroles tombaient avec la majesté d'un oracle ne trouva pas dans la responsabilité d'une gloire acquise et d'une vie entière à démentir la force de dominer un jour de ressentiment.

Rien n'attache à une âme généreuse comme le malheur. Il était particulièrement dur à Lacordaire d'abandonner M. de Lamennais dans sa disgrâce. Il le suivit dans sa retraite de Bretagne, s'attachant à lui pour le calmer et le retenir. Le jour vint pourtant où, tout effort étant impuissant, il fallut partir pour ne pas être entraîné dans la révolte qui allait éclater. Le temps n'avait rien enlevé à la douleur de cet instant suprême lorsque, trente ans après, Lacordaire le décrivait lui-même dans ces termes d'une vivacité poignante :

« Des nuages terribles, dit-il dans ses » *Souvenirs* encore inédits, passaient et » repassaient sur ce front déshérité de la » paix. Des paroles entrecoupées et mena- » çantes sortaient de cette bouche qui avait » exprimé l'onction de l'Évangile : Il me » semblait parfois que je voyais Saül ; mais » nul de nous n'avait la harpe de David » pour calmer ces soudaines irruptions de » l'esprit mauvais... Je quittai la Chesnay » seul, à pied, pendant que M. de Lamen-

» nais était à la promenade qui suivait or-
» dinairement le dîner. A un certain point
» de ma route, je l'aperçus à travers le
» taillis avec ses jeunes disciples. Je m'ar-
» rêtai et, regardant une dernière fois ce
» malheureux grand homme, je continuai
» ma route sans savoir ce que j'allai de-
» venir et ce que me vaudrait de Dieu
» l'acte que j'accomplissais. »

« Un homme a toujours son heure, ajou-
» tait Lacordaire : il suffit qu'il l'attende
» et qu'il ne fasse rien contre la Provi-
» dence. » Cette heure sonna pour lui au moment même où il rentrait dans Paris seul, ayant brisé ses amitiés de la veille, mais resté suspect à ses anciens supérieurs et chargé du poids d'une réputation précoce qui fermait devant lui toutes les portes. La seule qui s'entr'ouvrit fut celle d'une modeste chapelle de collège, où on lui permit de commenter le catéchisme pour des éco-

liers. Après quelques leçons, l'archevêque fut averti par des rapports empreints de malveillance que l'auditoire, attiré par un enseignement original, grossissait à vue d'œil et que la petite chapelle ne pouvait plus le contenir. La foule n'encombrait pas alors les églises. Séduit, bien qu'un peu effrayé par ce résultat inattendu, le prélat, par une de ces inspirations que donne quelquefois la charge d'âmes, se décida, malgré l'avis de ses plus sages conseillers, à ouvrir la première chaire de Paris à ce pénitent de génie, dont la persévérance ne semblait pas encore certaine.

Depuis le jour où les masses populaires en délire avaient profané ses parvis, la vieille cathédrale n'avait pas revu tant de visages humains rassemblés que la première fois où Lacordaire y dut paraître. On accourait avec un mélange de curiosité et d'effroi pour être témoin de la résipicence ou de

l'obstination du prêtre démocrate. Promenant ses yeux sur cet auditoire mélangé, l'orateur, dès ses premières paroles, laissa échapper un cri de l'âme qui retentit sous les voûtes, porté par une voix fraîche, vibrante et métallique. « Assemblée, s'écria-
» t-il, que voulez-vous de moi? la vérité?...
» vous ne l'avez donc pas en vous-même,
» puisque vous la cherchez ici? »

Ce que cette assemblée voulait, il le savait mieux qu'elle-même, mieux peut-être qu'il n'eût été possible ou convenable de l'expliquer tout haut dans la chaire. On était en 1835, c'est-à-dire dans un moment de trêve entre les révolutions, le plus semblable peut-être à la paix que la France eût connu depuis 1789. Tout ce qu'elle avait cherché par quarante années de labeur, institutions libres, royauté populaire choisie par elle et justifiant son choix, l'égalité dans la loi comme dans les mœurs, le pouvoir mis au concours et gagné avec éclat par les plus dignes, la conscience délivrée d'entraves; tous ces biens appartenaient à la société française. Elle en avait la jouissance et pas encore la satiété. A la joie de les posséder se mêlait l'orgueil de les avoir conquis. Et cependant pas plus l'un que l'autre de ces sentiments ne suffisait à la satisfaire. Parvenue au comble de ses vœux, elle s'étonnait de désirer encore, de sentir encore le vide et l'inquiétude, et de trouver dans le bien obtenu quelque chose de précaire et de borné que l'ardeur de la poursuite ne lui avait pas laissé soupçonner. D'une part, même à la prospérité matérielle la sécurité manquait; de l'autre, de nobles instincts, des aspirations vers l'infini, dont nulle âme humaine ne peut se défaire, ne savaient où se prendre dans la dispersion des croyances publiques. La cité fondée par tant d'efforts manquait de stabilité à sa base, d'air et d'espace au-dessus de sa tête. Le sol était mouvant, le ciel était bas. La politique était avertie de ces défaillances, tantôt par des tressaillements soudains au sein des masses populaires, tantôt par les soupirs ou les écarts d'une littérature tour à tour plaintive et bizarre, qui trahissait le malaise des cœurs. En pleine liberté et en plein repos, les intérêts étaient inquiets et les imaginations malades.

C'était ce mélange de sentiments que portaient au pied de la chaire de Lacordaire ceux qui venaient l'entendre, et qui levaient les yeux sur lui avec un vague espoir de soulagement. Ce prêtre était sorti du siècle nouveau et passait pour l'aimer encore. Il avait partagé ses illusions : comprendrait-il ses souffrances? Saurait-il nommer, saurait-il guérir son mal inconnu? Lacordaire croyait le pouvoir et voulait le tenter : ce furent la force et l'attrait de son enseignement. A ses yeux, la maladie avait un nom et une cause qu'il définissait en deux mots : « La vieille société, disait-il, a » péri parce que Dieu en avait été chassé ; » la nouvelle est souffrante parce que Dieu » n'y est pas suffisamment entré (1). » Faire entrer Dieu dans la société moderne, c'était là le remède. Lacordaire n'avait pas l'orgueil de croire qu'une telle gloire appartînt à un homme ; mais il croyait possible d'y concourir. Faire entrer Dieu dans la société moderne, non pas par contrainte ou bras de justice, mais par la libre soumission du cœur ; faire entrer Dieu dans la société moderne, et pour cela commencer par n'en pas sortir soi-même, ne pas lui déclarer à tout propos des guerres de principe ou lui intenter des procès de tendance : afin de rester en mesure de venir en aide à ses faiblesses, ne pas lui faire

(1) Lacordaire, *Éloge de Mgr de Forbin-Janson.*

perpétuellement un crime d'être venu au monde et d'exister; s'asseoir au contraire, comme Thémistocle, à son foyer le plus intime (la comparaison est bizarre, mais elle est de lui); et de là, comme d'un centre, rayonner sur le dogme et sur l'histoire: faire voir, d'une part, que le dogme chrétien a ses racines à des profondeurs de l'âme humaine que n'atteint pas le cours des temps; de l'autre, que tous les biens dont s'enorgueillit la civilisation moderne ont eu leur source dans le christianisme: montrer ainsi que l'Église étant impérissable, est toujours moderne, et que la société moderne, étant née de l'Église, est plus chrétienne qu'elle ne pense; établir par là entre l'une et l'autre un double courant de communication: ce fut le plan qu'il avait conçu et que vingt années d'enseignement ont suffi à peine à réaliser. Tout cela, cependant, plutôt indiqué que défini dans un programme assez vague qui laissait place à tous les caprices oratoires. Des généralités hardies, plus propres à ouvrir de grandes perspectives que susceptibles de démonstrations rigoureuses; le dogme exposé, non dans ses mystères intimes, mais dans ses rapports avec les besoins et l'histoire de l'humanité, dessiné pour ainsi dire du dehors par ses arêtes extérieures, et çà et là, pourtant, de grands jours ménagés pour que le regard pût plonger dans ses profondeurs : des assimilations parfois forcées, toujours saisissantes : peu de textes de l'Écriture sainte, mais d'une application lumineuse et inattendue : beaucoup d'allusions aux souvenirs de la vie ou de l'éducation communes, depuis ceux de l'antiquité classique jusqu'à ceux de la France révolutionnaire et impériale : une grandeur constante dans les pensées, préservées de l'emphase par une expression dont le naturel n'était pas exempt d'un peu de calcul : de loin en loin une locution familière, un néologisme contemporain qui avait pour effet de reposer l'auditeur novice en théologie et de lui causer le même plaisir que fait au voyageur en pays lointain l'accent subitement reconnu du lieu natal : parfois enfin des élans de sensibilité, des retours sur sa jeunesse infidèle, des appels du cœur, plus perçants pourtant que tendres, comme le cri du pâtre qui rappelle la brebis qui s'égare : de cet ensemble résultait la prédication la plus féconde en contrastes, la plus inattendue dans ses saillies, la mieux faite pour enlever la foule, la plus impossible à prévoir et à imiter qui fût jamais. L'effet était immense. La parole sainte semblait sortir de l'Église, et venir, comme aux jours du Christ, chercher les péagers au milieu du bruit de leurs affaires ou de leurs fêtes. Le christianisme, que cette génération croyait si éloignée d'elle, reparaissait à côté d'elle et à sa portée : elle en retrouvait l'empreinte effacée sous ses coutumes, ses monuments et ses lois, et jusque dans sa propre pensée, et elle s'écriait comme le pèlerin de la Bible sortant de son sommeil : Vraiment Dieu était ici, et je ne le savais pas !

Sur la jeunesse surtout l'impression était profonde. Ce qui la séduisait, ce n'était pas seulement la nouveauté d'une prédication pleine d'espérance qui ne la condamnait pas comme d'autres à tenter vers un passé peu regretté un retour chimérique ; c'était aussi le plaisir de retrouver en l'écoutant un accord entre tous les sentiments généreux dont cet âge confiant sent le besoin, et qui se rencontre si rarement dans les pays déchirés par les troubles civils. Le plus grand mal des dissensions politiques, quand elles durent, c'est d'enrôler les générations dès l'enfance, dans des rangs différents, et de ne pas leur laisser, même un jour, cette communauté des premières affections qui est le nerf du patriotisme. Que les hommes se divisent dans l'âge mûr, c'est l'inévitable effet de la contrariété des intérêts et des divers mécomptes de l'expérience. Mais que ce travail de division devance celui de l'âge; qu'il n'y ait pas, dans un grand pays, une idée, une foi, une institution, un drapeau autour duquel tous les fils d'un même sol puissent, dans l'entraînement de leurs vingt ans, se serrer pleins d'une ardeur fraternelle, c'est le mal tout gratuit et le châtiment des révolutions. C'était le malheur de la jeunesse à laquelle s'adressait le Père Lacordaire. Ils étaient là, laissez-moi dire, Messieurs, nous étions là, divisés dès l'enfance de préoccupations et d'habitudes : ceux-ci amenés à l'église par une foi héréditaire, ceux-là par un doute curieux : les uns ayant appris à lire dans les fastes des Croisades, les autres dans les bulletins de la république et de l'empire; d'autres enfin, les moins nombreux mais non les moins convaincus, dans la Charte et dans les premiers monuments de l'éloquence parlementaire. L'abbé Lacordaire avait des paroles pour chacun de nous, et, nous ramenant tous à un centre commun, nous donnait un instant l'espérance ou l'illusion de l'unanimité. Tantôt, passant en revue dans un discours très étranger aux habitudes de la chaire tout le passé de la France, il montrait depuis Clovis, à travers saint Louis et jusqu'à Napoléon, ses destinées toujours liées à celles de l'Église; tantôt, dans l'oraison funèbre du libérateur de l'Irlande, il bénissait *les lèvres hardies* de l'orateur empêchant le despotisme de *créer le silence autour du droit*. Ailleurs, ayant à raconter la vie de celui que Napoléon nommait le

Sage de la Grande Armée, et que lui, confondant dans une même formule tous les genres de noblesse, appelait *le très bon, le très grand, très mémorable soldat et citoyen*, Antoine Drouot, général d'artillerie, comte de l'empire et pair de France, il débutait en invoquant les souvenirs du territoire défendu par les levées en masse de la république ; puis il décrivait en quelques mots toute cette lugubre épopée de l'île d'Elbe et de Waterloo, qui attendait encore alors ce qu'elle vient de trouver aujourd'hui, son juge et son peintre ; enfin, par un détour inattendu, il y mêlait un éloge de la fidélité monarchique. Sous cette touche forte et variée, amour de Dieu, de la patrie et de la liberté, gloire et éloquence, noblesse des souvenirs et bienfaits de l'égalité, passé et présent de l'Église et de la France, tout vibrait ensemble dans les cœurs, et de chacun de ces nobles objets montait vers le ciel un même enthousiasme, comme les gerbes diversement colorées d'une seule lumière.

Le cours de ces triomphes oratoires ne fut pourtant pas continu. Pendant sept ans, de 1836 à 1843, Lacordaire ne fit à Paris que de rares apparitions. Quand il reprit le cours régulier de ses conférences, c'était toujours la même éloquence, mais ce n'était plus le même homme, ou du moins le même costume. Il portait un vêtement auquel nos yeux n'étaient plus habitués. Pendant ses années de retraite, le prêtre s'était fait moine. Il rentrait en France engagé lui-même sous la règle de saint Dominique, et venant présider au rétablissement de son ordre.

D'où lui était venue cette pensée? De toutes les institutions de l'Église, la moins bien vue, à coup sûr, à cette époque, c'était l'institution monastique. Les congrégations religieuses avaient péri sous le poids des accusations et des railleries de tout un siècle, et demeuraient frappées d'une prohibition légale absolue. Pourquoi, lui, l'orateur qui avait su conquérir la popularité et qui ne la dédaignait pas; lui qui aimait son temps et qu'on accusait même de le flatter, s'était-il mis en tête de relever un des souvenirs les plus effacés et les moins bien compris du passé? D'où était venu à cet esprit novateur ce goût subit pour une restauration?

Il y aurait, Messieurs, deux réponses à faire à cette question, parce qu'il y a deux manières de l'entendre. S'agit-il seulement de savoir ce qui avait tourné la pensée de Lacordaire vers la vocation monastique, et ce qui avait dissipé chez lui une prévention, lieu commun des beaux esprits de sa jeunesse, à laquelle n'échappaient pas, il y a cinquante ans, beaucoup de bons chrétiens?

Demande-t-on qui lui avait appris à ne plus voir dans les moines, soit des victimes d'une oppression domestique, soit des jouets de la superstition, soit des frelons oisifs dévorant la substance de la ruche sans vouloir prendre part au travail? Si c'était simplement ce changement dans l'appréciation d'un grand souvenir dont on cherchât la cause, je n'irais pas loin pour l'indiquer : car les coupables sont devant moi. Je parle devant les principaux ouvriers d'une réforme historique qui sera l'honneur de notre âge, et qui, pour rendre justice à l'Église et à toutes ses œuvres, a su voir clair à travers l'obscurité des vieilles annales. Aucune des institutions du passé n'a eu plus que les ordres religieux à se louer de l'équité de la critique savante et fine dont je vois ici les représentants. Le premier qui les a relevés de leur discrédit n'est-il pas celui de vous qui a, je ne dirai pas décrit, mais découvert les titres littéraires de l'éloquence chrétienne au IVe siècle, si peu connus avant lui, peut-être parce qu'elle n'avait jamais pris le temps de s'admirer elle-même? Suivant saint Athanase au désert, il a rencontré saint Antoine et a jeté sur le berceau de l'institut monastique quelques traits de cette poésie qui n'est que l'éclat dont rayonne la vérité. Ensuite est venu ce grand esprit, né pour tout comprendre et tout mettre en place, qui a fait luire l'ordre sur les éléments confus de nos origines nationales, et qui, en fixant la part de chacun dans l'œuvre de la civilisation moderne, n'a jamais disputé celle qui revient à l'Église et aux monastères comme auxiliaires de l'Église. En vérité, Messieurs, je ne conseillerais à aucun des mauvais plaisants du dernier siècle de risquer dans cette enceinte aucune de leurs froides railleries contre les couvents : quel que fut l'objet de leurs attaques, ils trouveraient ici à qui parler. Depuis saint Benoît jusqu'à saint Anselme, et depuis Abailard jusqu'à la mère Angélique Arnault, combien de noms diversement célèbres dans les fastes monastiques ont ici un champion attitré qui défendrait leur honneur comme une cause personnelle ! Si je jette les yeux sur ces académies sœurs de la vôtre, dont tant de membres veulent bien m'écouter, j'en vois une qui s'honore de continuer, en égalant ses modèles, mais sans espoir de les surpasser, les grands monuments de l'érudition monastique ; j'en vois une autre qui va chercher dans les ruines des abbayes les règles du plus majestueux des arts auxquels elle est consacrée ; et celle qui se voue au culte de la pensée abstraite a plus d'une fois convié la jeunesse, dont elle dirige l'ardeur, à étudier les leçons de cette scolastique qu'on pourrait appeler la philosophie du cloître, comme l'antiquité a eu celle du portique. Convenez qu'à voir ce que vous avez tous dit et pensé des moines et des couvents, il n'est pas bien surprenant que celui qui devait un jour s'asseoir parmi vous ait songé à revêtir la robe qu'avaient portée saint Thomas d'Aquin, Fra Angelico et Savonarole.

Mais vous m'arrêtez sur ce mot, et le Père Lacordaire m'aurait fermé la bouche avant vous. Non, le vœu qui enchaîna sa noble vie ne lui fut dicté ni par une fantaisie de poète, ni même par une pensée d'historien. Le dessein qu'il avait conçu, ce n'était pas de réhabiliter un grand ordre religieux, mais de le ressusciter : ce n'était pas du passé qu'il racontait, c'était une œuvre vivante et présente qu'il voulait léguer à l'avenir. Voyait-il juste et pensait-il sagement? En croyant les congrégations religieuses utiles et possibles parmi nous, avait-il bien mesuré les conditions du temps présent, les besoins de l'Église et de la société? Je ne me permettrai pas de parler pour l'Église. Le Père Lacordaire seul aurait pu vous dire avec l'autorité suffisante que les ordres religieux sont dans l'Église les milices de l'enseignement et les types de la perfection, et que là où ils viennent à manquer, le bras du ministère sacré est raccourci et la vie chrétienne est découronnée : en un mot, suivant l'heureuse et précise expression d'un célèbre historien qui est aussi l'un d'entre vous (¹), que l'institut monastique est le dernier degré de concentration du christianisme. Mais, citoyen en même temps que prêtre, il y avait plus, pour justifier le rétablissement des ordres religieux, des considéra-

(¹) M. Mignet, *Mémoires sur l'introduction de la Germanie dans la société civilisée au* VIIᵉ *siècle.*

tions d'une autre nature, plus terrestres et plus humaines, par là même bien inférieures à ses yeux, mais pourtant les seules que je puisse sans présomption essayer de reproduire ici.

Les associations en général, — non pas seulement celles dont le sentiment religieux est le mobile, mais toutes les associations qui poursuivent un but conforme à la raison et avoué par l'intérêt public, — bien loin de lui paraître déplacées parmi nous, lui semblaient au contraire merveilleusement appropriées à une société dont tous les membres ont subi le niveau de l'égalité et ne sont plus unis entre eux par aucun lien de classe ou de corporation légale. Le danger d'une telle société, pensait-il, c'est qu'en face d'individus isolés, tous réduits à une égale modicité de fortune et d'influence, divisés d'intérêts comme d'opinions, ne s'élève sans résistance la grandeur oppressive et colossale d'un pouvoir unique; c'est que, sous prétexte du bien public, un grand être anonyme et collectif, — seul riche au milieu de citoyens pauvres, — seul assuré du lendemain au milieu de familles dont chaque génération voit morceler l'héritage, — seul disposant de bras armés en face d'une tourbe sans défense, — l'État, en un mot, ne finisse par tout absorber en lui-même et tout étouffer sous sa masse. Ce péril, suivant Lacordaire, était déjà visible parmi nous à plus d'un indice. N'en avez-vous pas vous-mêmes, Messieurs, surpris parfois le signe pour ainsi dire matériel, en jetant les yeux par exemple sur quelqu'un de ces grands édifices, monuments du passé, ces châteaux, ces cloîtres, ces hôtels de ville, que les révolutions n'ont pas tous fait disparaître? Approchez aujourd'hui de ces demeures qui réveillent une orageuse mais brillante diversité de souvenirs. Un seul héritier, au visage uniforme et sévère, en a pris possession. L'État y règne seul, sous l'une ou l'autre de ces deux formes favorites : un bureau ou une caserne. Des employés copient ou des bataillons manœuvrent là où il y avait des hommes qui sentaient et agissaient pour leur compte.

C'est l'image, ajoutait Lacordaire, de ce qui se passe, non pas seulement sur notre sol, mais dans nos mœurs et jusque dans le fond intime de nos pensées. Partout, à la faveur de la faiblesse et de l'isolement des individus, s'étend l'action envahissante de l'État, soumettant les cœurs en même temps que les actes et bientôt l'être moral tout entier. Car celui qui ne peut rien se lasse de vouloir, et, dégoûtées de se sentir si faibles devant un État si fort, les unités impuissantes finissent par demander au grand Tout de vivre et de penser pour elles. On prend l'habitude de tout laisser faire, puis de tout faire faire à l'État. Laissez s'avancer une société dans une telle voie. Hier elle demandait une industrie d'État pour répartir entre les hommes la production et le travail : aujourd'hui c'est une charité d'État pour dispenser le riche de la compassion et le pauvre de la gratitude; demain ce sera, que sais-je? une poésie ou une littérature officielle pour lui dicter les ordres du jour de l'enthousiasme. Encore, si, en renonçant ainsi à tout mouvement spontané, elle devait recevoir de la main de cet État qu'elle invoque la stabilité dans la soumission ! Mais il n'en est rien : Dieu, par une juste dispensation, a voulu que les pouvoirs sans contre-poids fussent aussi sans fondements et, au jour du péril, sans défenseurs. Une nation formée d'hommes ainsi juxtaposés, sans autre ciment qui les unisse que le pouvoir d'un maître, est une montagne formée de grains de sable qu'épargne un jour la lassitude des vents, et que le premier souffle de l'ouragan dispersera demain.

Que faire donc ? Où trouver sur ce terrain mouvant le point d'appui d'une résistance? Lacordaire cherchait, regardant, suivant son habitude, en avant, jamais en arrière; ne rêvant le retour d'aucune institution d'autrefois, ni noblesse ni corporation d'aucune sorte ; ne demandant à l'égalité, si chère aux temps modernes, aucun sacrifice, sachant bien que c'est en fait d'institutions politiques surtout que le temps est avare et ne lâche jamais sa proie. « Jamais, » écrivait-il à ce sujet dans le *Mémoire* adressé à la France pour le rétablissement des frères prêcheurs, « jamais le genre humain ne reculera vers

» le passé ; jamais il ne demandera secours » aux vieilles constitutions aristocratiques, » quelle que soit la pesanteur de ses maux. » Mais, ajoutait-il, il cherchera dans les » associations volontaires par le travail ou » la religion le remède à la plaie dont il » souffre. » C'était donc là son espoir. Voir s'élever parmi nous de libres associations formées d'hommes volontairement unis afin de poursuivre un même but, c'était là ce qu'il attendait de l'avenir pour subvenir aux maux du présent. Si des hommes tous égaux, pensait-il, ne peuvent être ni très puissants, ni très forts ; si la durée de leur action est bornée comme celle de leurs jours, une association d'hommes même égaux forme un faisceau de puissance et de force qui peut survivre à ceux qui le fondent. Le droit d'association légalement reconnu, — sévèrement réglé, pour ne pas dégénérer en turbulentes réunions populaires, — mais librement pratiqué, lui paraissait donc la grande ressource d'une démocratie contre les alternatives tour à tour anarchiques et serviles qui la menacent, et, en se plaçant pour le revendiquer en dehors de la lettre d'une loi surannée, il croyait rendre service à l'État autant qu'à l'Église. Mais ce qu'il réclamait pour lui-même, il était prêt à le partager avec d'autres. Il ne demandait pour l'association qu'il inaugurait aucun droit qu'il ne voulût communiquer à tout autre cherchant comme lui une forme légale pour atteindre un but légitime. A lui, à ses frères dans la foi, était réservée la plus rude quoique la meilleure part à son gré : l'association sous la règle de la pauvreté volontaire et du sacrifice. Mais du même droit, une fois conquis, il entendait bien que d'autres pourraient également faire usage pour étendre les ressources de l'industrie et les découvertes de la science, pour introduire dans les lois quelque principe nouveau de liberté ou de bien public. Seulement il considérait que les unions formées pour des intérêts temporels sont nécessairement précaires, parce que l'intérêt divise aussi souvent qu'il unit, et parce que le temps emporte ce qu'on fait pour lui ; et il s'estimait heureux pour son compte que le lien qu'il avait contracté eût le dévouement pour principe et l'éternité pour fin.

Voilà ce que pensait Lacordaire, et il était seul alors à le penser. Je me trompe : un autre esprit, par d'autres chemins, était arrivé à la même conclusion, et il faut bien que vous me le laissiez nommer, dussé-je vous fatiguer par le retour d'un rapprochement que je retrouve à chaque pas et que vous-mêmes m'avez imposé.

« Je sais bien, » disait, à la même date

et presque dans les mêmes termes, l'auteur de *la Démocratie en Amérique*, M. de Tocqueville, terminant par ces paroles mêmes son immortelle analyse des nouvelles conditions de la société : « Je sais » bien qu'on ne saurait fonder de nouveau » dans le monde une aristocratie; mais je » pense que les simples citoyens, en s'as- » sociant, peuvent constituer des êtres » très opulents, très influents et très forts. » On obtiendrait de cette manière plusieurs » des avantages politiques de l'aristocratie, » sans ses injustices et ses dangers. Une » association politique, industrielle, com- » merciale, ou même scientifique et litté- » raire, est un citoyen éclairé et puissant » qu'on ne saurait plier à volonté ni oppri- » mer dans l'ombre, et qui, en défendant » ses droits particuliers, sauve la liberté » commune. »

Vous le voyez : tous deux pensaient de

même. Mais, tandis que l'un, atteint de l'impuissance commune, se bornait à observer et à prédire, l'autre puisait dans l'imprescriptible liberté de la foi la confiance et le droit d'agir. Et si quelque jour le vœu de Tocqueville est réalisé, si le droit d'association passé dans nos mœurs vient donner aux éléments épars de notre démocratie la cohésion qui leur manque, quelque reconnaissance devra monter vers le premier qui, se posant devant les menaces ou les risées populaires, en a élevé le symbole sous le froc éclatant du dominicain :

Via prima salutis,
Quà minime reris, Graiâ pandetur ab urbe.

Soyons justes pourtant, Messieurs, ce n'est pas de la postérité seulement que Lacordaire aura reçu sa récompense. Disons, à l'honneur de notre âge, qu'il n'a pas eu à se plaindre de ses contemporains.

Sa nouvelle qualité fut acceptée, après quelque surprise, par un public en qui l'usage de la liberté développait le sentiment de la justice, et par un gouvernement moins attentif à imposer toute la rigueur des lois qu'à la respecter pour lui-même. Puis, quand ce gouvernement eut rejoint tant d'autres dans l'abîme, deux élections bien différentes sont venues lui apporter successivement le libre témoignage d'une même estime. En 1848, le département des Bouches-du-Rhône, faisant la première épreuve du suffrage universel, le désigna pour prendre place dans l'assemblée qui était chargée de constituer la république. En 1860, un an avant le terme de sa noble vie, vous l'avez appelé dans cette Académie. Je parlerai comme lui-même en affirmant que, de ces deux appels, celui qui le toucha le plus ce fut le vôtre.

Il ne parut qu'un jour à la tribune de l'Assemblée constituante. Il ne lui en fallut pas davantage pour s'apercevoir que sa présence au sein d'un corps politique si troublé n'y pouvait être le signe d'une liberté sérieusement conquise, mais une image, entre mille autres, de la confusion générale des esprits. Il vit qu'il n'était pas porté là par le cours d'un progrès régulier, mais par une marée passagère. Il prévit le reflux et ne voulut pas l'attendre.

Votre choix, au contraire, sagement mûri comme tout ce qui part de vous, est venu le chercher dans la retraite, alors qu'attristé du grand silence qui succédait à la tempête, il avait fait taire une voix dont il craignait de ne pouvoir modérer le retentissement. Retiré dans la maison d'éducation de Sorèze, il s'y livrait tout entier à la tâche modeste de former des intelligences naissantes par l'étude comparée des chefs-d'œuvre du génie antique et du génie chrétien. C'est là qu'il m'a été donné de le voir pendant des heures trop courtes qui ne sortiront pas de ma mémoire. J'ai vu, sous des ombrages séculaires plantés par les moines d'autrefois, ce moine d'aujourd'hui entouré d'une jeunesse d'élite qui venait auprès de lui fortifier son âme par les certitudes victorieuses de la foi, contre les défaillances passagères de la liberté. C'est dans cette paix active du cloître que vous l'avez surpris. Vos suffrages honoraient en lui ce don de l'éloquence, précieux entre tous ceux qu'il vous appartient de couronner, et d'autres qualités littéraires autant que morales : une ingénuité hardie dans l'expression de sa propre pensée; un respect constant pour celle d'autrui, même en la combattant. Mais, en dehors de ces titres si légitimes, ce choix n'avait-il pas encore une plus haute signification ? La France, qui vous regarde, l'a cru, Messieurs, et vous a supposé des motifs que vous n'auriez pas contredits. Elle a considéré que, si vous n'aviez voulu que compléter l'illustration de votre compagnie en ouvrant vos rangs à l'alliance du talent et du sacerdoce, vous n'aviez pas de nouvelle recherche à faire : car la place sur laquelle plane le souvenir de Bossuet et de Fénelon n'était pas vacante parmi vous. Mais notre histoire rapporte que c'est au sein de cette Académie que des Français, séparés par des distinctions arbitraires, se sont pour la première fois traités de confrères et rencontrés sur un terrain d'égalité. Ces distinctions, qui ont cessé d'être, ont pourtant laissé derrière elles toute une suite de méfiances et de préjugés que des passions envieuses et basses s'obstinent à raviver, et le Père Lacordaire dans toute sa gloire, victime d'une de ces préventions, avait pu se croire un jour déshérité des bienfaits de l'égalité commune. Vous poursuiviez la tâche de vos devanciers en effaçant les derniers vestiges de divisions dont le souvenir même doit disparaitre de la mémoire des hommes. En nommant le Père Lacordaire, vous faisiez voir que vous n'étiez pas de ceux qui veulent la liberté pour celui-ci et contre celui-là, l'égalité moins au profit des uns qu'aux dépens des autres, mais la liberté et l'égalité pour tout le monde.

C'est cette liberté commune, donnant à tous les mêmes droits, soumettant tous aux mêmes règles, que Lacordaire, pendant ses longues épreuves, avait toujours invoquée. Peu confiant dans les faveurs qui obligent, qui compromettent et qui passent, il n'avait jamais voulu de la France que sa justice. Vous avez été pour lui, Messieurs, les organes de cette justice.

Fier de votre estime, il a pu se dire avant de mourir qu'après tout, malgré les défaillances des uns et les menaces des autres, il avait bien fait de se confier toujours dans la force du droit et dans l'équité de la France. Sa vie ne lui semblait plus inutile puisque, par quarante années de combats, il avait fait faire aux deux uniques choses qu'il eût aimées en ce monde, la religion et la liberté, un pas au-devant l'une de l'autre, et levé un des obstacles qui les séparaient. Cette mâle satisfaction, bien supérieure aux vains plaisirs de l'amour-propre, brillait dans son regard et remplissait son âme pendant le jour unique et sans lendemain où vous l'avez possédé parmi vous. Elle a pu se mêler, sur son lit de douleur, aux angoisses sanctifiées et aux extases d'une mort chrétienne. Elle survit même encore chez ceux qui le pleurent. Il leur semble que, du fond de sa tombe, sa voix se mêle à la vôtre pour les avertir de n'abandonner jamais ce terrain de la liberté où il a souffert, combattu et, grâce à vous, triomphé : terrain souvent abrupt et périlleux, le seul solide pourtant et le seul où les plus illustres représentants de la pensée moderne aient pu venir rencontrer et couronner le plus courageux des soldats de la foi.

FIN

Paris. — Imp. Gauthier-Villars et fils, 55, quai des Augustins.

www.ingramcontent.com/pod-product-compliance
Ingram Content Group UK Ltd.
Pitfield, Milton Keynes, MK11 3LW, UK
UKHW020331180726
13839UKWH00002B/649